Despacio y tiempo
Angi Expósito

Colección Baños del Carmen

Angi Expósito

Despacio y tiempo

EDICIONES VITRUVIO
Colección Baños del Carmen,
nº 1. 008

www.edicionesvitruvio.com

Primera edición, 2024

© Ediciones Vitruvio
C/ Menorca, nº 44
28009
Madrid
Teléfono: 91 573 21 86

ediciones vitruvio, nº 1. 660
ISBN: 978-84-128578-8-7

POESÍA Y CANCIÓN

Conocí a Angi Expósito hace muchos años, a principios de siglo, cuando ella era mi alumna. Destacaban sus ojos azules desde donde lo miraba todo con curiosidad (algunas cosas con distancia; otras, las menos queridas, con resignación). Por eso me hace especial ilusión que me haya pedido que prologue su nuevo libro de poemas, el segundo: *Despacio y tiempo*. Angi parece tener predilección por los títulos bimembres, pues el primero fue *La luz y la tinta*, cosa que indica cierta continuidad entre uno y otro poemario.

Como en su libro anterior, el amor ocupa un lugar central. El amor contemplado desde diferentes perspectivas, empezando por el desamor. Aunque la poesía de Angi no es poesía narrativa, sí se traslucen ciertas historias. A través de sus poemas, se puede intuir una ruptura, un abandono, la presencia de un hijo, la recuperación del amor... pero lo que interesa, aquello en lo que se centra, no son los hechos, sino las sensaciones que se viven y se experimentan.

El poemario parte de una reafirmación personal, empoderamiento de la mujer de este siglo tras una ruptura, que no se siente inferior, sino a la altura del otro: "Sin nadie siendo más, / sin nadie siendo menos".

Por eso, el amor se entiende como un vaivén entre la presencia y la ausencia de la persona amada. Con su presencia, el ser amado aporta no solo la felicidad, sino la armonía que completa el universo imperfecto que es el yo ("Tú me transmites paz / serena calma / dulce sosiego / [...] agradable armonía..."). Con su ausencia, en cambio, se pierde ese efecto, y solo queda el vacío, el consuelo del recuerdo y la "duda oscura".

Y aunque se plantea una búsqueda constante del amor ("el que siempre he perseguido / el que siempre he anhelado"), nace la conciencia de la imposibilidad de llegar al otro para materializar esta unión que implica la armonía: "Pase lo que pase, / haga lo que haga, / siempre seré eso: una extraña".

Esta sensación de extrañamiento no existe en el amor que considera más puro de todos: el materno filial, que expresa en el poema dedicado a Eduardo, su hijo, y que lleva el significativo título de *El verídico*, ciertamente, el amor verdadero. En él no existen los problemas que genera el amor entre adultos: no el abandono, ni la ausencia, ni las dudas: "Eres tan pequeño y frágil / tan puro e inocente / que mi alma entera / se vuelca en ti...". En palabras machadianas, es la máxima expresión de la otredad.

Pero no solo trata sobre el amor este libro. La reflexión sobre el paso del tiempo ocupa todo el segundo poema, ya anunciado en su título: *El tiempo*. La cita inicial de Jorge Guillén ("lentos veranos de niñez") ayuda a situar el objetivo del poema: "el tiempo apremia" afirma de manera rotunda, con una reflexión que recuerda de algún modo el pensamiento pesimista de los poetas barrocos: "recordándote lo que un día fue, / lo que ahora es / y aquello que será". Cuando un poeta reflexiona sobre el paso del tiempo indica que se está llegando a cierta madurez (digo cierta: aún le queda tiempo a Angi para alcanzarla del todo), o, al menos, alejándose de esta eterna juventud que nos ofrece nuestra sociedad. Quizá por ello, "el paso del tiempo / se siente en los huesos" y se recuerda con nostalgia (como en el caso de tantos otros poetas) el paraíso perdido que es la infancia, cuando "la brisa fresca acariciaba mis hombros / y el ambiente era liviano".

Hasta aquí un breve repaso sobre los temas fundamentales de este libro. Veamos ahora cómo los desarrolla, como es la voz poética de Angi; en definitiva, su estilo. Una simple ojeada / hojeada al libro permite ver que predomina el verso libre breve. El verso breve tiene una particularidad: repele el adjetivo, porque no cabe en su cauce métrico. El resultado es que la expresión tiende, en muchos casos, a la esencialidad y a lo conceptual. Sin embargo, creo que este no es el de la poesía de Angi: no es ella poetisa de conceptos, pensamientos metafísicos, sino que sus reflexiones se acercan a la ligereza expresiva de las letras de canciones, buena muestra de las cuales encontramos en las citas que abren algunas secciones: Zahara, Macaco, Belén Aguilera. Esta influencia de las letras de canciones sobre la poesía concebida para ser leída es muy común entre jóvenes poetas, quizá más acostumbrados a la música que a la lectura de los clásicos. No sé si es el caso de Angi. Al menos abre otras secciones con Guillén (como ya he dicho) y con Pedro Salinas. Pero, lo que resulta indudable es su tono aparentemente sencillo, sin duda naíf, expresión de sinceridad.

No se trata solo de una cuestión de gustos (de que guste más o menos la música indie), sino de una aproximación a su estilo, buscando, probablemente, un estilo que suene sincero, próximo a los lectores jóvenes, con recursos e imágenes que sean asequibles a todo tipo de lectores, especialmente los jóvenes. Así, destacan los fragmentos con anáfora, que proporcionan al verso un destacado elemento rítmico. Las repeticiones pueden ser en versos seguidos:

> *Allá* donde estés
> *allá* donde vayas
> *allá* donde sea que habite tu alma
> ya nada importa
> no quiero vivir más en tu sombra.

En otros casos, la anáfora puede abarcar varios versos. Su repetición constante permite realizar el efecto rítmico deseado:

> *Cuando* la oscuridad
> se cierna sobre ti
> no tengas miedo,
> pues la luz
> está justo enfrente
> salvaguardando tus sueños.
> *Cuando* el crepúsculo
> te envuelva en su manto
> que no espante tu alma,
> pues la aurora
> pronto aparecerá
> entregándote calma.
> *Cuando* la negrura
> -esa que tanto te asusta-
> aparezca de improviso,
> no padezcas, no huyas,

enfréntala con entereza
pues no hay mayor luminiscencia
que tu valor y tu coraje.
Cuando las sombras estén ahí
-altivas, imponentes-
no te estremezcas:
recuerda que tú
eres claridad.

Lo mismo sucede con los paralelismos:

Ese amor,
el de toda la vida,
el que siempre he perseguido,
el que siempre he anhelado,
por el que tan sólo sombras he hallado.
Ese amor,
tan real y ficticio,
terrenal e intangible,
concreto y abstracto.

Además de estos paralelismos, destacan lo que podríamos considerar los paralelismos semánticos, la tendencia a oponer elementos contrarios:

Porque no existe
mayor incertidumbre que tenerte
ni *mayor certeza que* amarte.

En lo que se refiere a la sonoridad, la tendencia a las rimas en versos agudos es un recurso característico de las letras musicales. No solo de las actuales: muy común fue en la poesía del siglo XV o en el XIX (recuérdese el caso de Bécquer). Angi actualiza el recurso, y estas asonancias le sirven para destacar ciertos pasajes:

Desolada mi alma est*á*
al no poderte encon*trar*.

O bien:

El buen am*or*,
como el buen vino,
mientras más añejo,
es mucho mej*or*,
pero, *ay*, ¿qué es el am*or*?

Quizá por su sonoridad, explota las paranomasias, juegos de palabras muy parecidas:

Con cada beso que bebo
de tus labios
-con cada verso que debo
a tus labios...

Probablemente, debido a esta proximidad con las canciones, a Angi Expósito no le gusta la intensidad lírica, de ahí que su poesía no abunde en imágenes. Tiende, más bien, a introducir ciertas comparaciones que resultan expresivas, como la que se dedica al tedio:

El tedio
se posa en mí
como un ave rapaz
esperando
            devorarme.

La metáfora de los ojos (¿hablé de la intensa mirada azul de la Angi alumna?) se va repitiendo a lo largo del poemario: "Tus ojos son / la inmensidad del universo", (los del niño son "ojos de cielo"). Pero también sabe trabajar con imágenes herederas de los clásicos, como el tan conocido *homo navigator*:

Las lágrimas saladas brotan,
no calman la sed,
es como tener un océano por dentro.

Tormenta marina de oleaje enfurecido,
barco a la deriva sin nadie al timón:
el capitán está perdido.

Sin más prolegómenos, demos paso ya a la obra que el lector ha venido a buscar al abrir las páginas de este libro, donde encontrará una poesía directa, algo naíf, ciertamente, pero que rezuma sinceridad.

Jorge León Gustà
Barcelona, 20 de marzo de 2024

Despacio y tiempo

De lo efímero

Estoy cansado de llamar poema
a lo que escribo,
de colar la palabra "verso"
entre mis líneas
cuando lo único que quiero
es colar la palabra "pájaro"
y que eche a volar
cuando lo leas.

Óscar Sejas

La determinación

> *Se te está viendo la otra.*
> Se parece a ti:
> los pasos, el mismo ceño,
> los mismos tacones altos
> todos manchados de estrellas.
>
> Pedro Salinas

I

Hoy
es un día de aquellos reseñables
para enmarcar con toque de oro.

La gente aplaude,
el bullicio es palpable
en el ambiente festivo.

Van y vienen
caras (des)conocidas
y almas joviales,
todo transcurre con total normalidad.

Sin nadie siendo más,
sin nadie siendo menos,
sucede porque no estás.

Como si así hubiese sido siempre,
como algo natural.

II

Allá donde estés
allá donde vayas
allá donde sea que habite tu alma

ya nada importa
no quiero vivir más en tu sombra.

III

Desgraciada
se lee en la pantalla del ordenador
y qué verdad
y qué mentira
tan considerable

IV

Ahora comprendo
que muchos de los episodios de mi ansiedad
son causados por no escribir poesía.

Por no plasmar en un poema
cada decepción
cada angustia
cada desesperación vivida.

V

Escribir poesía
sería más sencillo si tuviera
más cosas por contar
y menos cosas por decir

si existiera la musa que tanto anhelo
arropándome desde mi delirio
hasta mi consuelo

si la nada fuera tangible
si el todo fuese invisible

si lo que siento
fuese consecuente
con lo que pienso

El tiempo

Lentos veranos de niñez .
Con monte y mar, con horas tersas,
(...) El porvenir no tiene término,
La vida es lujo y va muy lenta.
                              Jorge Guillén

I

El tedio
se posa en mí
como un ave rapaz
esperando
                    devorarme.
No puedo sino aguardar pacientemente
a que esto suceda.

II

El tiempo apremia.
Las agujas del reloj
se clavan como dagas afiladas
hasta verte perecer
en el intento

III

La tensión
se palpa en el ambiente.
El amor y el misterio
están por todas partes
recordándote lo que un día fue,
lo que ahora es
y aquello que será.
Como un péndulo,
oscilando sin cesar,
que va y viene,
que viene y va.

IV

A veces siento vértigo

de perderme entre las alturas
de tanta inmensidad.

V

Los comienzos y los finales
son la misma cosa
si cambias la perspectiva,
la luz y la sombra.

VI

La espera es una losa
encima de los hombros
que cae

hacia abajo

y su peso lo arrastra todo
-toda una vida-
a modo de recordatorio
para así no olvidar
qué permanece.

VII

El paso del tiempo
se siente en los huesos.
Ya no recuerdo
lo que es tener un cuerpo nuevo.
Como cuando era niña
y la brisa fresca acariciaba mis hombros
y el ambiente era liviano.

Pero ya no lo recuerdo
y el tiempo pesa.

VIII

El cielo viste de luto
porque, por cada día,
se acerca el final.

Y lloran los segundos
-que marchan
transformándose entre las agujas
del propio tiempo-
sin tener constancia
de la hora exacta,
de lo etéreo
como algo cristalino,
sin saber siquiera
si es real esa certeza
o tan sólo es
un sueño vívido.

IX

Pasar página
sería mucho más sencillo
si no estuviera ~~repleta~~
~~repleta~~
~~repleta de palabras~~
~~de palabras~~
repleta de palabras y tachones.

X

Cuando miro las fotografías
de mi pasado y reviso momentos,
lugares, recuerdo personas,
amistades y amores,
todos los círculos en los que he estado,
cada escena, cada situación,
sonrío y me digo:
he sido afortunada
a pesar de mi desdicha.

Del amor

Al fondo, las ventanas de la ilusión
se abren al paisaje límpido de la armonía,
raro equilibrio en la proporción
en el que todo es posible,
incluso el amor.

Jorge León Gustà

El camino

¿Cómo has tenido el valor de hacer una canción de amor?
Zahara

I

Tus ojos son
la inmensidad del universo

mas no debo
adentrarme en ellos

pues no quiero perderme.

II

El presente está en tus manos

como esa puerta entreabierta
esperando que la abras de par en par
o bien la cierres herméticamente
de un portazo.

III

Con cada beso que bebo
de tus labios
-con cada verso que debo
a tus labios-
escapa un suspiro
y junto a él
dos palabras ahogadas
que se pierden
entre el silencio y la saliva
entre la luz y la vida
entre lo divino y lo prohibido
entre el pasado y el presente olvido
porque el día que un *te quiero*
asome por mis labios
esa
será la mayor certeza.

IV

Tú me transmites paz
serena calma
dulce sosiego que acaricia mi alma

sutil quietud
agradable armonía
delicado vaivén que irradia alegría .

La tranquilidad que me brindas
se refleja en mi rostro
y despierto cada mañana
con ganas de ti
con ganas de vivir.

V

La vida puede ser
un camino de hermosas rosas
repletas de espinas,
aunque si voy cogida de tu mano
-¡ay, contigo de la mano!-
quizá
podamos sortearlas juntos.

VI

El ruido en mi cabeza
es matemáticamente proporcional
a los silencios que empleas
cuando no estás

y no puedo acariciar tu mano,
tan sólo puedo rozar
el rostro de la indiferencia
que me muestra
su semblante más duro

y la incertidumbre
se torna palpable
haciendo que me cuestione
hacia dónde va
todo esto que sentimos.

VII

Tu ausencia
clavada en el pecho
permanece intacta
desde mucho antes
de tu marcha.

Ya no podrá
llenar tu mirada
el vacío
que habita en mi alma.

VIII

Desearía recordar tu rostro
con todo detalle
cuando ya no estés aquí
y no pueda verte
ni tocarte,
ni respirarte,
ni sentirte.

Mientras te observo silenciosa,
estudiaré cada milímetro de ti
hasta que el tiempo me lo permita.

IX

Daría lo que fuera
por traerte aquello
que tanto deseas,
pero *ay, amor*
si no soy suficiente....
¿qué podría yo lograr
si no soy yo lo que tú anhelas?

X

Una duda oscura
asalta mi mente
y atraviesa mi alma:
¿será que marchas
porque prefieres disfrutar
de mi ausencia
antes que de mi presencia?

XI

Asomada a la ventana
te vi marchar
deseando que te dieras la vuelta
para encontrarme con tu mirada,
sin embargo, no lo hiciste.

Tus ligeros pasos
te llevaban hacia el destino
que tú mismo habías labrado,
que tanto esfuerzo te había costado.

Mientras te alejabas
pensaba en grabar
tu imagen en mi mente,
doblaste la esquina
y te perdí para siempre.

XII

Tu ausencia
ocupa el espacio
que dejas al pasar.
Es como un ente
que lo abarca todo.

Un día estuviste,
al otro no estás
y la vida sigue
-y la vida siguió-
como sigue intacto
el amor.

XIII

Te imagino entre los brazos
de una mujer de piel morena,
cabello negro como el azabache
-que cae salvaje sobre la cintura-
de ojos almendrados color café.

Te imagino susurrándole al oído
palabras bonitas,
acariciándole el rostro,
besando sus carnosos labios.

Ya lo ves *amor*
que no me hace falta saber
para poder ver,
pues mi imaginación
es un don y una maldición
para así nunca dejar de sufrir.

XIV

En estos tiempos,
el amor no se queda para siempre.
No quisiera traer desazón
al decirte que no
cuando planteas que en el futuro
estaremos juntos al fin.

Amor, ¿qué podemos hacer?
Si el pasado ya no nos alcanza
aunque jamás se haya ido de aquí.

Amor, ¿dónde estás?
En mi piel,
te respiro, estás en mi ser.

Desolada mi alma está
al no poderte encontrar.
Tu aroma se esparce
por toda la habitación;
quiero que siga ahí,
eres mi adicción.

XV

Te tendré presente,
pues aún sigues en mi mente
y yo me quedaré atrás;
estoy perdida en tu recuerdo
y no volverás jamás.

El verídico

A Eduardo

Dicen que la tormenta está por llegar
Dicen que la lluvia va a comenzar
Pero yo miro en el reflejo de tus ojos
Y veo que detrás está el sol

Macaco

I

Tus ojos de cielo descansan
mientras los suspiros
escapan de tus labios.

Eres tan pequeño y frágil,
tan puro e inocente
que mi alma entera
se vuelca en ti y te protege
de día
de noche
y por siempre.

II

Cuando la oscuridad
se cierna sobre ti
no tengas miedo,
pues la luz
está justo enfrente
salvaguardando tus sueños.

Cuando el crepúsculo
te envuelva en su manto
que no espante tu alma,
pues la aurora
pronto aparecerá
entregándote calma.

Cuando la negrura
-esa que tanto te asusta-
aparezca de improviso,
no padezcas, no huyas,
enfréntala con entereza
pues no hay mayor luminiscencia
que tu valor y tu coraje.

Cuando las sombras estén ahí
-altivas, imponentes-
no te estremezcas:
recuerda que tú
eres claridad.

III

Te oigo cantar
en idiomas que hasta yo desconozco,
pero tu voz melodiosa
devuelve la armonía y la vida
a la propia existencia,
olvidando así
todo lo que sobra.

IV

Esperando la luz del alba,
te observo mientras duermes.
A la mente me vienen
recuerdos de tus primeros días
y te imagino
cómo serás cuando seas como yo,
aunque distinto.

Cuánto desearía
retrasar y acelerar ese momento
al mismo tiempo.

Lo innegable

I

El buen amor,
como el buen vino,
mientras más añejo
es mucho mejor,
pero *ay,* ¿qué es el amor?

II

El fuego
atorado en el pecho
quema la coraza que lo envuelve
y la ceniza

                                    cae
dejando el rastro de una fortaleza
que jamás existió.

III

Un amor.
Un nuevo amor.
Uno que permanece por siempre
como si jamás hubiese faltado,
como si siempre hubiese estado.

Ese amor,
el de toda la vida,
el que siempre he perseguido,
el que siempre he anhelado,
por el que tan sólo sombras he hallado.

Ese amor,
tan real y ficticio,
terrenal e intangible,
concreto y abstracto.

Ese amor
es el que yo quiero contigo.

IV

¿*Dónde has estado todo este tiempo?*
Y formulas esa pregunta mirándome
a los ojos esperando una respuesta
que, quizá, no debería darte.

Y pienso en decirte:
¿*Dónde he estado todo este tiempo, me dices?*
He estado perdida
en un desierto laberíntico
sin agua ni comida,
sola con mi existencia,
caminando sin rumbo,
parando en oasis de placer
-que no eran más que arduos espejismos-
para terminar siendo olvidada
y seguir extraviada.

Pero no te respondo
y me limito a decir que
qué importancia tiene dónde haya estado,
o lo que haya hecho,
pues lo verdaderamente importante es
que estoy aquí y ahora
contigo.

V

La mirada que me transmites
no es otra cosa
que la seguridad que me brindas
al permanecer unidos.

Me asomo
al ventanal de tus ojos
y puedo ver aquello
que crees que no logro ver:
tu pasado,
el presente
y nuestro futuro.

Porque no existe
mayor incertidumbre que tenerte
ni mayor certeza que amarte.

VI

Dices que me amas
y que las acciones son lo que cuentan,
pero ¿dónde están ellas
si tus palabras no concuerdan?

Tus prioridades
son un amasijo de nervios
y yo estoy por ahí mezclada
aunque no demasiado clara.

Sólo por amarte
no puedo pasarme la vida
en este tira y afloja
que no me lleva
a ninguna parte.

VII

Las lágrimas saladas brotan,
no calman la sed,
es como tener un océano por dentro.
Tormenta marina de oleaje enfurecido,
barco a la deriva sin nadie al timón:
el capitán está perdido.

VIII

Siento la tristeza
en la punta de los dedos
y noto cómo me embarga
cuando toco con ellos.

Es como una burbuja
que explota

¡pop!

y se esparce hasta lo más profundo del alma
permaneciendo en ella intacta
hasta que la desesperación
llega a mi garganta
y me ahoga
y me atraganta
y las lágrimas circulan
por dentro de mi cara
que se encharcan en los ojos
y se evaporan como agua salada.

IX

Su palabra vale más
que cualquier otra cosa
que yo pudiera decir
-incluso escribir-.

Serán en vano mis certezas
que, sin duda,
son mi mayor virtud.

X

La duda sobrevuela mi cabeza,
pretende instalarse en mi mente,
estremecer mi corazón
y envenenarme el alma,
es como un cáncer
que lo destruye todo.

XI

No importa la dedicación
que aplico para ser aceptada,
los quebraderos de cabeza,
los llantos ni la ansiedad mal gestionada.

No importan las cenas de Navidad
ni las fiestas de cumpleaños,
no importa que pasen nueve meses,
cinco o veinte años.

Pase lo que pase,
haga lo que haga
siempre seré eso: una extraña.

XII

Quería escribir algo feliz
para que los versos
tuvieran un agradable final
y así no dejar el sabor amargo
de la duda,
pero, pensándolo mejor
-y sintiéndome mejor-,
qué importancia tiene todo esto
si la felicidad vive en mí
y contigo
a pesar de los matices.

ÍNDICE

Ediciones Vitruvio

Colección Baños del Carmen

Últimos libros publicados:

Rival del sol, poesía completa, de
Miguel Hernández

Escalando el muro, de Javier
Olalde

Almas entrelazadas, de José
Eduardo Mohedano

Mientras respiro, de María José
Pérez Grange

Raíz del corazón, de Modesto
González Lucas

Mitosis, de Domingo Luis
Hernández

Canto natural, de Juan Pedro
Carrasco García

21 de marzo, de Cova Sánchez-
Talón

Imago Amoris, de Eduardo
Martínez y Hernández

Casquería romántica, de Oscar
Magadán

Existir en voz baja, de Luis Oroz

Lugares y límites, de Sonia María
Riera Gata

Iconos, de Pedro López Lara

Diarios de la peste en Nueva York,
de Sergio Colina Martín

Onírico mundo, de Pepa Miranda

Ética y retórica, de Santiago A.
López Navia

La ciudad y el ruido, de Manel
Lacarta

Sólo soy un latido, de Teresa
Moncayo

Las fachas del límite, de Eduardo
Crespo

Maitemindua, de Luis Fernando
Crespo Navarro

Palabra dicha, de Ignacio Mª
Muñoz

Escala de grises, de Pablo González
Martín

Lluvia Amor Muerte Poetas, de
Isabela Basombrio Hoban64

Oh, lago, de Leonardo David
Segado